JN410479

지극

노창재 시집

문학의전당 시인선
217

지극

노창재 시집

문학의전당

시인의 말

변방의 귀퉁이에서 서성댄 지 20년을 훌쩍 넘기고 있다.
세상에 얼굴을 들이밀 명분을 찾지 못했던 탓이다.
그렇다고 명분이 생긴 것도 아니다.

극단의 서정에 이르기를 꿈꾸며,
그것이 미분이거나 적분이거나 끝까지 가보고 싶었다.
그러나 나의 말들은 입구조차도 찾지 못하고
마음만 앞서 줄줄이 새버리고 말았다.

이젠 나를 사랑하는 시간을 가져야겠다.
이미, 많이, 늦었지만
용렬한 언어들과 화해를 해야겠다.

그것마저도 용기가 필요하겠지만……

2015년 10월 우포늪에서
노창재

차례

제2부

제3부

제4부

제1부

봄비

밭고랑 청보리
기지개 켜든 말든
가지 끝 복사꽃 몽우리
맺히든 말든
첫돌 다가오는 아기
걸음마 떼든 말든
혼사 날 잡아놓은 숫처녀
밤잠 설치든 말든
종일을 사부작사부작
하염없이 내리는
능청

백수論

호랑이가 앞이마에 王자를 새기고도
바람에 수염을 맡기며 홀로 외롭듯
감춘 이빨, 감춘 발톱과 같이
무시로 드러내지 않는 법
뒤를 어슬렁거리되 기품을 잃지 않고 흔들리지 않아야 한다.
골짜기를 포효하되 주변을 다치지 않게 하며
먼발치에서 바라보아도 항상 위엄과 기백이 서려
배경을 따듯하게 하는 풍경의 중심이 되어야 한다.

고프고 주린 날이 오래오래 머물더라도
맑고 형형한 눈빛으로 견뎌낼 줄 알아야 한다.
눈발 휘몰아치는 매서운 들판에서도
옷을 걸치지 않아야 한다.

그러나 선의의 경쟁을 피하지 않고
다수의 안녕한 질서 속에서
언제나 몸을 맡길 준비가 되어 있어야 하고
정의의 함몰, 위선과 병폐

횡횡한 골목을 마주치게 되면
그때는 가차 없이
이빨과 발톱을 세워 분연한 일전을 불사하여야 한다.

다만, 나아 간 길
한 점 흔적도 없이
길인 줄도 모르게 하여

봉달이 형님

소위 말하는 라이선스가 없는,

후진 골목의 담벼락이거나 무명한 골짝의 산비탈을 오르내리며 증상에 따라 잡초도 좀 익혔지.

가끔은 리어카에 부려놓은 무조건 천 원짜리 동의보감이며, 명리학에 주역에

철 지난 명랑이나 선데이서울도 몇 권 앉은뱅이책상 책꽂이에 꽂았다는 거 아니겠어.

근동 노인네 손목을 짚으면서 구라도 좀 쳐본 터라 이제는 제법 호가 났겠지.

오늘은 샛별다방 왕언니가 전파사로 부동산으로 비닐하우스까지 얼마나 커피를 날랐던지

팔꿈치 인대가 늘어나 영업을 못한다는 절호의 소문에

번개반점 스쿠터보다 잽싸게 다방 안으로 들어선 것 아니겠어.

실밥이 해져 너불대는 소파에 왕언니를 눕혀놓고

우리의 봉달이 형님 소매를 걷어 올리며 침통을 꺼내는데

사암침에 동암침이요 침술도 한 둘이 아니어서 체질에 따라 사주에 따라 달리해야 할 것이니

우선은 오장에 육부가 성치 못하면 신경이 팔꿈치로 엉치로

무릎으로 갈 수도 있으니
왕언니 배에다 슬쩍 손바닥을 얹어보는데
왕언니 아야야 엄살인지 아닌지 눈살 찡그리며 육십 밑자리 신수를 탓하니
봉달 형님 헛기침 한번 크게 하고는
"나는 마 이제 사주팔짜 공부는 접었뿟다. 요번 태풍에 쓰나미 뒤집어지는 거 보고 하늘이 간섭해뿌마 사주팔짜는 아무짝에도 씰모없더라."

겨드랑이로 허벅지로 슬슬 손바닥을 옮겨가면서 침을 튕구는 봉달이 형님

외날의 면도

애인 만나러 가는 날
외날 면도기로 수염을 밀면
안면이 온통 쑥대밭이다

안전장치로 무장된 겹겹의 면도기도 있지만
순간의 틈입도 허락지 않는
다중의 잔인성이 싫어

아직 까칠한 부위를 더듬어 날 끝을 스칠 때
외날이 지나가는 조용한 긴장
애인의 알몸을 생각하다 허방에 날을 짚어 선혈을 만들기도
한다
긴장과 집중, 산만이 적당히 섞여주는 외날의 면도

거품을 뚫고 쓰—윽 뺨에 고속도로를 내면
튕기던 여자가 갑작스레 눈썹을 내려 깔며 안겨올 듯
아직 추첨되지 않은 복권 몇 장이 벼락 횡재를 가져다 줄 듯
청량과 명랑이 뒤섞여 콧노래 나오는

그래, 오늘 아침
오랜만에 허방에 날 한번 짚었다고
뭐가 어때서

정월보름

찰랑대는 밤을 차마 보내지 못하고
넘치고 싶어도 넘치지는 못했을까
이웃의 누님은 신열을 앓고
달이 꺼지도록 무당을 불러 열을 내렸던
대저 보름밤은 그러했으므로
한 집 건너 또 한 집
그림자 켜켜이 쌓인 어둠 아래서
새벽을 달그락거리던 사람들
하얗게 부럼으로 지새웠을 소년이여

무에 그토록
무에 그토록

가슴이 막히시더냐고

낫 가는 사내

마흔 중반쯤 되어 보이는 저 사내는
대저 낫을 갈면서
아래로 위로 엉덩이를 흔들지 않고
당겼다 놓았다의 움직임 말고는
일말의 미동도 없는가.

움찔,
알 수 없는 사연에
앞서간 불혹의
때늦은 벼림이라니.

꺽지
—명멸(明滅)에 대하여

물소리 차거든 부르라 하고
종적을 감췄다.

왕가(王家)의 다리를 건너지 못한 너는
식솔마저 두문(杜門)의 울타리에 매듭짓고
무얼 했더냐.

아직 깊은 골짝 서설처럼 남아서
구석구석 골짝 안부를 짚어보지 못해서
깊고 큰 바위의 뿌리로만 찾아드느냐.

쩌렁, 천둥이 울리면
올곧은 명분 하나쯤
그 바위 위에 대꽃으로 피워 올릴 양
너는 쏜살같이 또 어디로
너를 숨기고 말았느냐.

반짝이는 햇살무늬 모래톱 거슬러

식솔보다 더 단단히 스스로를 포박하고
초라한 볼품의 옹고집 하나로 탈진하여서
골짜 안의 길들을 남김없이 지웠구나.

하여, 물은 저렇게 다시 흐르고
산과 나무와 바위는 창창하다.

황간 가네

우리나라에서 제일 멀고 외진 곳이 황간인 줄 알았네.
그곳엔 스스로를 포박하여 유배시킨 자들이 언어를 지우고
혼자만의 상형문자로 점점이 틀어박혀 화전이나 일구는지 알았네.
환영처럼 왔다가 사라지는 기차의 꽁무니, 바랜 역사에는
끝끝내 타고내리는 승객 한 명도 없을 것 같았네.
하여 갈 수 없는 곳, 가고 싶어도 갈 수 없는
황간 가네.
막바지 오르막의 솔바람 그늘 같은 사흘을 굶고 헤매다 당도한 우물 같은
십년 벙어리가 말문이 트여 저, 저, 저런 하며 쫓아와 국밥 한 그릇 내밀 것 같은
나, 가고 싶어도 가지 못하는
황간 가네.
마르고 뒤틀려도 기어이 포도송이를 달아내며 유정의 닭을 치는 사람들
한 송이 포도와 한 꾸러미 달걀을 훔쳐도 이유 없이 용서 받을 것 같은

유폐는 무죄라는 관습이 불문율로 굳었을

그래서 나의 유죄는 늘 속절도 하염도 없이 가본 적 없는 그곳

황간 가네.

지극

가을걷이를 끝낸 시월 어느 날,
그 노인
오랜만에 나오신 듯 읍내 변두리 목욕탕에 조용히 몸을 푸는데
내 지천명의 턱걸이와 미수(迷壽)에 드는 소신공양 직전의 몸뚱어리
그 간격을 생각하며 골똘해지는 순간
드르륵 문을 밀며 들어오시는 또 한 노인
몸 푸는 노인네랑 얼굴이 마주친다
욕조의 노인에게 허리를 낮추며 인사를 하는데
어이구, 자네 설 잘 쇳는감?

아니, 이 시월에 새해 인사라니
치매로 치부하며 욕탕을 나서는데
아뿔싸!
청천벽공이 날보고
자네 설 잘 쇳는감?

이번 설 잘 쇳으니

다음 설도 잘 쇠어보자고

그 인사 따라와서 뒤통수를 후려치다니.

어느 사진가를 추모하며
―최민식 작가

새벽에 투혼을 발휘하던 그때는
어디 계시나

젖비린내 속에서
절반 너머의 세상이 결정되던 아이들을
호락호락이라니

새벽의 투혼을 발휘하던 아이들,
진짜 본 적 없니, 그 젖비린내 맡은 적 없니?

밤에는 딴생각 말고
아이를 만들어야지
휘발유 내음 싱그런 새벽 소식
온몸 운동 구령에 맞춰 배달해주던
눈 치켜뜨고 주먹을 쥐며
골목어귀를 들어서는 아이, 보이니?
보고 있니?

아이 없는 세상
무슨 소식을 기대하며
소식이 있다한들 그 소용 어디다 쓸 거냐고
평생 아이를 소원하던 당신

버들치

개울에 비친 모래알이 너무 고와서
한 아이가 저도 모르게 손을 담갔습니다.
누가 볼록렌즈를 얹었을까요.
아이의 손등으로 수천의 물길이 생겼습니다.
물길 따라 햇살이 버들치 떼처럼 지나갔습니다.

아이의 손등에는
평생,
햇살무늬 아롱진 버들치가 살았습니다.

잉어

달빛은
눈치를 살피고 있어라

형용의 군살 없이
날카로운 물소리 고르시니

배꽃 내리는 세월
시름 두고

강물이 끌려서
간다

중원미륵사지에서

하늘에 닿으려고 그러셨나요
월악산 하늘재 아래 하늘 떠받들고 계신 님
무얼 그리 골똘하셔요.
천년을 살아 아직 이르지 못한 지극신성,
무심의 돌을새김

그래, 이 눔들아
사람 귀한 줄이나 알아라 하시는.

용선대 석조여래좌불*

사랑 머문 마음자리
네게만 있었다 말하지 말라
쓰리고 아픈 이별 자리도
돌확처럼 굳어서 비었다 말하지 말라

비에 바람에 그리고 별빛에
천년을 씻겼다면
내게도 네 사랑,
이별 몇 곱쯤은 오고 갔을 것

허공에 흘린 숨소리조차 와서 닿은
좌대의 귓전에는
천년의 구술이 어제처럼 고이고

모르쇠 내리덮은 눈동자는
그 천년 바람의 편지를
오늘처럼 읽는다

---

*화왕산 관룡사에 부근에 위치한 불상.

9월 저녁의 아라비안나이트

유목의 종족을 부리며 양고기와 가죽을 얻는
오아시스 궁전의 술탄은 아닐 테지만
9월의 저녁은 조용히 몸을 사려 웅녀가 살았던 동굴에 들고 싶네.
웅녀의 무릎에 머리를 얹고 세라자드가 들려주던 천일야화를 듣고 싶네.
세상의 분노와 욕심은 이야기 속에서 흔적도 없이 사라지고
웅녀가 앵두 알 입술에 혀를 말며 허벅지를 슬쩍슬쩍 드러내어도
아라비안나이트가 에로비안나이트로 옮겨가도 아랑곳 않겠네.
무색해진 웅녀가 비로소 바늘 한 쌈으로 허벅지를 찔러가며 마늘 한 접을 축낼 때
바람으로나 수태의 기도를 불러 보름달 같은 옥동자나 얻었으면 좋겠네.
참말 같은 인생이 어디 있으며 거짓말 같은 인생은 또 어디 있으랴.
9월의 저녁에는 참말도 거짓말도 놓아버리고
백치의 세상으로 내딛는 산책길 옥동자 앞세워

하릴없이 휘파람이나 날려 보내겠네.

에로비안나이트,

아뿔싸!

실수의 순정한 옥동자 하나를.

수수꽃 장다리

장날로 이어지는 고개턱마다
달빛에 고스란히 치장하던 메밀꽃이야
봉평장을 어디에 세우던
수수꽃 장다리는 더 높은 곳 어디엔가 있었네.

마을 소식일랑 묻지도 마시라.
땅거죽 참 모질게 움켜잡고
허겁하니 하늘로 솟아올라 달 이마를 쓸고 있었네.
그러다가는 하늘 한 켠 채질하여
수수꽃 장다리는
마른 별똥의 보금자리가 되기도 했네.

아기도 누이도
엄니도 아버지도
푸른 종아리 걷어 올려 허우대로 쑥쑥 키운
저 나란한 화평
손 흔들면 날아가 닿을 듯
하늘도 어둠의 긴 숨소리로 얹혀서 쉬는

얼마나 파르라니 야위어야
수수꽃 장다리 그 동네에 쓸릴 수 있나.
얼마를 더 바스라니 말라야
수수꽃 장다리 키 맞추어
달 이마를 쓸어도 보누.

붕어

태풍 지나간 배수장 오름 수위도 가라앉고
벽공에 조막구름 애교 부리는
물가에 앉다

열아홉 신부의 속눈썹같이 다소곳 찌를 드리운
일촉즉발
잔잔한 수면

순간
천지의 상승
쑤우욱 올라와 벌러덩 수면에 뒤집어지는
누워서 바르르 떠는 절정의 끝, 그녀

여왕의 승하
붕어(崩御)

제2부

봄 늪

가만있는데
왜 자꾸 말 걸어오니
귀 막고 있는데
노래는 왜 부르는 거니

눈감고 있으니
춤도 추지 마

물끄러미 나 앉혀놓고
저 혼자 놀다가는
실없는 풍경

봄
늪

2월

저 핏기 잃은 얼굴

개구리 알 보듬고
물풀의 뿌리 거두어
한날한시 천지 분간도 없이
생명 쏟아낸 산모여!

2월의 우포는
쇠약의 극치

손가락으로 쿡 찌르면
외마디 비명도 없이
바닥으로 꺼져버릴 것 같은,

봄비 온 날 저녁

단정한 저녁의 나라에 봄비 젖었습니다.
솔 숲 떡갈나무 숲 보리밭 아래 너머 둔덕을 지나
댓 이파리 숨죽이며 봄비 젖었습니다.
새록새록 보푸는 초가지붕, 나란히 누운 먹기와도
봄비 따라 젖었습니다.

뻐꾹새도 노고지리도 물떼새도
어린것들만 뽀송히 잠든 품
천지는 저마다의 얘기를 가라앉혀
혼자 젖는 봄비를 묻었습니다.

숭늉을 끓이러 나오시는 어머니의 마을
드문드문 등꽃불이 핍니다.

우포

1.

관동에서 소야 지나
한터 끝으로 이어지는
사지포에서 쪽지벌 먼 쪽까지 창창하였네
무장의 만리장성
십리

구름 흐르면 지평선 되고
노을 걸리면 만종 소리 들리는
할배, 순하디순한 일소〔牛〕 우리 할배는

일장기 품에 석삼년
부역의 어깨 팔았다고
저 빛나는 둑방길 쌓았다고
달빛 비추면 소리하고
뻐꾸기 울면 소리하고
밀주 익으면 소리하고
기러기 가면 소리한다

무너져라
무너져라

가슴에
멍
든다

2.
산비탈로 쓸려오는 진달래며

억새의 흐느낌
기어이 여기로 와서
눈물 바다가 되는
억겁의 세월 삭이고 삭인
어머니 인고의 자궁
화왕산 양지의 저편
빛벌 서러운 봉우리여

수억 년을 그렇게 살아왔을까

마리 부들 물옥잠 물달개비 개구리밥 생이가래
메자기 골풀 가시연 창포 자운영
실잠자리 물잠자리 물장군 소금쟁이 참방개
손금으로 흐르던 버들붕어 참붕어 준치 납자루
벼락 치던 여름밤 가물치 메기 장어 자라
갈잎 사이로 쏟아지던 아 아 새끼들
메추리 떼 꿩
새벽안개를 뛰쳐나오던 노루 멧돼지
이슥한 밤 워-우 늑대 울음

호롱불 그을음에 묻어나던 건너 마을
순아 누나야 목소리야 흙담장아

무서워 무서워

3.

보라, 떠올려보라
사라진 것들

숨 막히는 소(牛)벌 우포는 되돌리지 않으리
폐경의 날들 접고 꺼져가는 숨소리
마주할 수 없는 임종, 내 고향 소벌을.

너 언제 성골의 목발을 짚고 왔느냐고
아 아 무서워 무서워.

늪가의 하루
—5월

지천으로 아카시아 향기는 날리리.
뻐꾸기는 어디서 둥지를 틀다 왔는지
애처로운 울음만 종일 떨어뜨리리.
늪은 물그림자 깊게 드리고
그 울음이나 받아먹으리.
나는 밭에 나가 고추모종을 살피고
호박순이나 거두리.
콩잎 먹으러 내려온 고라니나 쫓으리.
중천에 가쁜 해 잠시 숨 고를 땐
멸치 우려 보리국수나 삶으리.
물그림자에 부딪힌 울음 앞산 돌아
뒷산 골짜기에 머물면
따라간 마음 담배나 물려 불이나 붙이리.
저무는 하루 서러워 않고
흙 묻은 발을 씻으리, 빛바랜 책이나 펼치리.
펼쳐놓고 졸음이 와서 데려간대도
가는 줄도 모르고
조용히 끌려서나 가리.

정오의 마을

새참으로 익어가는 보리국수
부뚜막에
허기 한 짐 부려두고

일손 놓인 못자리 속
앞산 구름 데려다놓고
우두커니 내려앉은
미루나무 마을

가다가 돌아오고
가다가 돌아오고

뻐꾸기 울음만
애타게 가두는 무논

우포늪 사지마을

늪이 밀어 올린 열기에
드디어
칠월의 태양이 혀를 늘어뜨린다.
콩밭을 맴돌던 산비둘기도 어디론가 사라지고
한 점 바람 없는 사방천지는 녹음만 울려
마을은 마을대로 한없이 늘어지고
인기척도 집짐승의 미동도
영영 두절이다.

먼발치 깨밭은 염천에 절어
녹음보다 무성한데
깨밭머리에 폭 잠겼다가 힐끗 얼비치며
다시 한참을 폭 잠겨버리는
저 노인네

하늘에서 내려온 구름도 놀다 갔지만
무엇이 그리웠던지
늪은 천연스레 마을에 안겨 있고.

언덕

츄리삐리 츄리삐리 츛츛추~
종달새 울음
언덕 하나 만들고

함지기 우리 삼촌 희멀건 등짝
대롱대롱 족두리 꽃 한 움큼
언덕 하나 만들고

어화능차 느엉차
할머니 타고 가신 상여의 노래
언덕 하나 만들고

줄 것 없는 나는
하나 둘 셋 넷
징검다리로 엎드릴 테니

얘들아
어서 건너서 가렴

소나기

왼쪽 모서리 한편에 서툴게 패인 삼촌의 이름자가 있고
여고를 마쳤던 막내고모의 첫사랑이었음직한 사내의 이름과
한쪽으로는 아직 촛농이 송진처럼 붙어 있는
낡은 앉은뱅이책상의 지금 자리는 시골집 광입니다.

사랑채 봉창으로 너울지던 봉숭아 이파리에
풍금을 짚던 여선생 손가락같이 소나기가 내리면
고모들은 감자를 삶아놓고 책상 가에 모여앉아 히득히득
꽃물 손톱을 매던 한때가 있었지요.

단칸 유년의 세간 귀퉁이를 끈덕지게도 따라다니며
피레네 골짝을 뒤덮던 한니발의 나팔 소리와
먼 아무르 강 기슭, 사막을 지나는 빗줄기 속에
칸의 음성을 따라가던 테무친의 뒷모습이며
때로는 옆집 경아의 웃는 모습이 굴러다니기도 했었지요.

그렇게 듣던 소나기는 지금 어디서 내리고 있는지
초원과 밤하늘을 흐르는 별들은 여전할지 모르겠습니다.

어둑한 시골집 광에서는 후두둑 쏴아 쏴아아
그때의 소리가 들려옵니다.

가만히 책상 모서리에 손을 얹어봅니다.
어린 청개구리 한 마리가 손등에 기어오릅니다.
뒤따라온 열두 살 딸아이가 놀래서 두 눈이 동그래졌습니다.
비가 올려나 봅니다.
세찬 소나기로 내렸으면 좋겠습니다.

새벽 들녘

우포를 돌아나가는 긴 제방을 따라
한터 들녘을 마주합니다.
반듯반듯한 논들이 모두 벼이삭을 그득 실었습니다.
산책길 메꽃에 이슬이 얹혔습니다.
이슬이 이슬에 젖은 들녘의 논들을 모두 매달고 있습니다.
동트는 들녘은 녹황의 색조로 눈부시게 찬란합니다.
누가 이렇게 황홀한 그림을 그렸을까요.
파종과 발아와 성장과 결실의 순간까지
숱한 땀방울들이 이슬로 내렸나 봅니다.
계절에서 계절로 건너뛰며
쉼 없는 노동으로 그려놓은 이 그림은
지상 최고의 걸작이 아닐 수 없습니다.
아무도 보이지 않던 새벽 들녘에서 반짝,
동그랗게 눈을 굴리며 누군가가 쳐다봅니다.
논배미 귀퉁이로 자전거 한 대가 있었군요.
꼬부랑 벼 속에 묻혔다 여윈 얼굴을 비치는
아하, 흰 고무신에 바지를 걷은 할아버지 한 분도 계셨군요.

개망초

정말이지
어쩌면 그렇게 이름을 붙일 수 있었겠니
세상 치욕과 수치란 모두
너 앞에 붙었구나

그러나 얘야
이제는 이리로 오려므나
치욕은 치욕끼리 수치는 수치끼리
그렇게 한세월 어울리다 보면

말없이도 이렇게 저 강 건너서까지
올망졸망 새끼들도 부리고
때로는 손을 놓아 하늘에 구름도 잡아본단다

이상도 하지
너의 이름자가 내게로 와서
이토록 평온해질 줄
사람들은 어떻게 알았는지

우포 산책

모처럼 눈이 내린 아침

늪가로 산책을 나가봅니다.

둑방 저 끝에서 고라니 한 마리 도망갑니다.

억새덤불에는 눈을 터는 참새 떼의 날갯소리가 힘찹니다.

둑방에서 오백 년 구부러진 장년노씨 오랜 집성 마을을 바라봅니다.

낮은 구릉 햇살 바른 곳에는 언뜻언뜻 눈웃음이 도란댑니다.

얼마나 순한 뫼등들인지요.

긴 겨울밤 할머니와 육백을 치며 들었던 마을의 내력들이 번져옵니다.

족보를 밟아가며 옮겨 지내던 제사도

지신의 꽹과리도 장구도 북도 징도

보름날 태우던 달집도 쥐불도

그렇게 장정과 아이들은 이 고즈넉 마을에서

한 해의 끝물처럼 자취를 감췄는지요.

사람이 없는 마을은 묵묵히 자연을 닮아갑니다.

건넛담 운봉아지매댁은 이른 아침을 차리나 봅니다.

낮은 담장을 타고 모락연기가 깔리고 있네요.
북녘의 바람도 마을에 갇혀서는 저렇게 유순해 보이는지요.
눈을 밟으며 돌아오는 길
대처로 나간 이웃 누님의 고된 시집살이며
돈 잘 버는 사장이 되었다는 머슴아재의 이야기들이
오늘따라 이토록 서러운지요.

눈길 위로 가두었던 시(詩)를 가만히 놓아두고 옵니다.

부용

한 마리 나비만 날아도
파~릉 꽃잎 젖히며
목젖을 드러내는

글썽이는 눈물샘 이슬만 머금어도
치마폭 오롯이 감싸고 투신하는

오, 이런
백제의 어린 궁녀를

꽃잎열쇠

꽃씨 하나씩 가두어
물이 걸어갑니다
물 모서리 뒤로 새순이 자욱합니다
순한 계절을 데려다 놓았습니다
하늬, 바람이 불어
숲이 넘칩니다
새 한 마리 콕 콕 자맥질하며
솟구쳐 오릅니다

패랭이꽃 한 접시로
나를 붉게 가두어놓고
꽃잎 하나 물어주고 갑니다

동백

어느 먼 곳인지요

송두리째 떨어진
막무가내의 뜰 안
그대인 양 바람은 와서

돌계단 귀퉁이 아래
하나 둘 던져놓고 가버린,

저는
붉어서 죽은 눈물입니다

제3부

소묘

댓돌에 벗어놓은 고무신 한 쌍
소복하니 눈이 쌓여도
모른 체 모른 체
눈보라가 감나무 가지를 그렇게 흔들어도
모른 체 모른 체
둘이는
둘인 줄도 모른 체 모른 체
밤새워도 모르는
집 한 채까지

그런 날

아무것도 없는 길 위에
잉잉과 윙윙이 가을볕에 섞여
웅웅거리는 날
하루살이 날파리 모기 새끼 벌
그들의 몸부림이 거울같이 보이는 날

뽑힌 고춧대에 새파랗게
풋고추가 영문 없이 매달린 날

걸음이 날랜 아버지가
속절없이 수척해서
한마디 간섭도 없는 날

그런 날은
말하기 위해 입을 한 번도 열지 않은
대체로 그런 날이 아니었냐는
생각

사막에 내리는 눈

서쪽 하늘에서 몰아쳐 오는 눈은
사라센 공주의 윙크

내 알몸은 이불을 빠져나가
왕국의 모래를 덮는다

목으로 겨드랑이로 흘러내리는
부드러운 중력

밤 건너온 새벽별
낙타 똥 모닥불에 태우고
한 잔 우유로
가슴을 데운다

가자,
무릎을 펴며 일어서는 낙타여

거미

하, 저 공중을
어떻게 건넜을까

저쪽 전봇대까지 정말
꽁무니로 줄 뽑으며 가긴 갔을까

그 모습 보려면
어느 시간에 맞춰 기다려야 하나

날파리며 하루살이 잠자리 운명도 얄궂지만
저렇듯 정교히 그물 드리운 정성 생각하면
포식의 자격쯤 좀 주면 어때

이슬 내려앉는 새벽
풀섶의 저격수여
그대 부지런 앞에 내 짧은 문장은 길을 잃었네

머릿속에 하나 둘 줄을 쳐보지만

어느 멍청한 생각 하나가 와서 운명을 맡겨줄지
참으로 딱한 형편이로세

북

꼭 한번
움켜잡아야지

아무도 모르는
얼굴

그리기도 하고
쓰기도 한다는 신화는 은하를 건너
이름 없는 성좌가 되었네

홀로 밝아 사라질 뿐이라던
희미한 명멸의 논리도
이제 표류를 멈추어야지

금강을 벼리리
침묵의 오라,
터럭의 끝을 세워
말 걸어오는 당신을

겨울밤

마른 숲 걸러 바람은 자는데
구(拘)야
이 밤 어디까지 따라가자고
컹컹 길을 내시나

구름도 달도 산도 나무도
사람같이 서게 할 줄 한 번쯤은 알았을 텐데
살아온 이야기 네게도 있었나 보다

구(拘)야
오늘밤 적막으로 저들을 불렀다면
동짓달 벼락이 치고 천둥이 쳐도
가장 사람의 소리로 너를 들을 터이니

담벼락에서 동구로 골짝에서 산마루로
밤새워 나를 끌고 다녀라

꽃
—연어

세상 모든 길들을 돌아서 왔다 하면
예까지 온 건 슬픔이란다

뼛속까지 시리게 떨고 있는
그의 곁으로 가서
이름을 불러보았니

슬픔을 풀었던 거야
아무도 몰래
꽃이 되었던 거야
내 안으로 잔잔히 피 흐르게
흐드러진 슬픔 채워준 거야

세상 모든 길들을 돌아서
가기까지

온전한 하나를 위하여

문 닫고
노는 날 그리워

그 다음날도 또 그 다음날도
문 닫고 놀아야지

엄마가 불러도 못 들은 척
그렇게 해야지

탄(坦)

낙향 십년이라 강산도 변했을 텐데
다만 변한 것은 아재, 아지매께옵서 쪼그랑 꼬부랑 할배, 할매가 되셨다는 거
물론 동네를 가로지르는 길이 크게 포장도 되었지
빈집 숭숭한 마을을 기웃대는 바람
나지막한 동산들이 마을을 쓰다듬으며 이마 맞댄 곳
날랜 걸음 하나 없이 적막하여라
문득 오래도록 마을의 풍경이 되어준 우포의 지긋한 정좌가 두렵기도 할까
기러기 떼가 八자를 그리는 하늘을 수없이 보아왔지만
고방오리 흰뺨검둥오리 떼가 수면을 더 평평히 가라앉히는 모습을 보아왔지만
가시연 노랑어리연이 넓이를 키워온 세월을 지켜봐왔지만
오늘 비로소 저 넓은 늪의 물결 위에 문신으로 얼룩지는 마을의 오랜 농사 내력을 들여다보네

늪보다도 낮게 평생을 꾸려온 사람들
하늘을 나는 기러기 떼가 창공을 가르는 것이었으랴

거친 손바닥 구불텅 손금으로 그려진 길의 마을

세상 가장 조용하고 순하고 낮은 우리 동네
아름다워라 너무나 아름다워라

저음의 간격
—부엉이

밭둑으로 논배미로
동구 끝 모롱이 개구리 덤 지나
서재마루 꿀밤나무 방패연 걸린 자리 돌아
육촌 팔촌 형수 아지매 택호 걸린 조막봉창을 지나
봉긋봉긋 합산 곽천 운봉 광산 할배 할매의 뭣등을 돌아
대방골 뚝 끊긴 옛길 빡 부벼주던
아버지 수염 같은 풀덤불 지나
아들 딸 며느리 사위 손자 돌아간 타이어 쓸쓸한 자국을 따라
저녁밥상 귀밑머리 아래로 부딪히는
이 늙수그레한 저음의 간격은 무엇인가

가만, 가만
부우엉 부엉

억만금으로도 못 살 것 같던
이 개떡 같은,
텅텅텅
빈집만 골라 털고 달아난 도둑놈 같은

가만, 가만
부엉 부우엉

조무래기들 울음이불 덮고서 잠이 들었던
그 울음의 조바심 끝
어른들 하나 둘 헛기침으로 등잔불이 꺼지던 마을
이렇게 흔적을 지워가고 있는데

할미꽃 잔등

알곡의 이야기 이고 다니느라
그렇게 앉은뱅이로 낮아지셨나요.
바람의 길 틔우느라 그렇게 야위셨나요.
흔적 지워가며 보내신 평생의 잔영 아득도 합니다.

지금 어디 계셔요?

쭉정이에 거름을 내고 계신가요.
또 다른 이야기보따리도 좀 장만하셨고요.
혹 예전에 틔운 그 길의 바람이 되지는 않으셨는지요.

할미꽃 잔등이 아르르 바람에 눕습니다.
할미꽃 잔등이 아르르 바람에 눕습니다.

지상과 지하가 마주보고 이야기합니다.
말없는 할머니 빙그레 웃고 계십니다.

치어

가장한 손가락

발가락

떨어져 나온 눈알도 보이고요.

엄마 다리 사이를 헤집고 갈

힘은 아직 없네요.

하늘 조금씩

아주 조금씩 열릴 것은 같고요.

매화

저 먼 곳에서 마른벼락이 쳤단 말이지
지평에서 수평으로 하늘 밖까지
그렇게 울었단 말이지

벼락과 울음의 여백,
그 섬광의 찰나
소신공양의 잔해로 남은 유골뿐인 너를
한 점 한 점 수습하는
이 숨 가쁜 계절

너의 종적을 찾아 나선
내 행방의 묘연을.

삼천포

잘 나가다가 삼천포로 빠졌다 말하지 마서요
그게 뭐 어떠냐구요
진삼선 종착, 선로에 눌러붙은
첩첩 생선 비린내는 맡아나 보셨냐고요
멍게랑 해삼 따서 자식들 공부시켰고요
쥐치 잡고 멸치 털어 시집 장가도 보냈어요
새벽 활어공판장 바닥을 치는 생선같이
그렇게 평생을 살았다구요

남해바다 빛나는 수억의 윤슬
저마다의 가슴속에 숨어
조용히 불 밝히는 포구

그러니까 잘 나가다가 삼천포가
머 어쨌다구요?

칸나의 뜰

대문도 없이 삭정이 흔적마저 허물진 토담을 지날 땐 그냥 빈 집인 줄 알았지요. 웅웅거리며 눈앞을 스치는 잠자리에 놀라 안을 살풋 들여다보았잖아요.

맨드라미 봉숭아 과꽃 접시꽃들이 우물 귀퉁이만 살짝 내어놓은 채 그렇게 천방지축으로 널브러졌겠지요. 빈집 지키느라 저들끼리 저리도 무성했는지 허공에 잠자리 씨 한 가득 뿌려놓고 접시꽃 높이만큼 키를 키웠잖아요. 푸른 물결에 출렁 빈집이 입은 또 얼마나 크게 벌렸는지요.

후다닥 벌거숭이가 되어 첨벙 뛰어들고 싶지 않았겠어요.

아, 그런데 저기 저 이국의 소녀 칸나,
우물가 이파리 사이로 보일 듯 말 듯 하얀 치맛자락

황구 한 마리 머리를 쓸어가며 조용조용 고구마 순을 다듬고 계신 팔순의 아가씨

제4부

정월그믐

찬바람 눈보라가 매서워서
구들장이 이렇게나 따듯해서
잠들다 잠깨어서
잠깨어 미안해서, 미안해서
삼경의 칠흑과 적막을 뚫고 나와
사립 앞에 무릎을 꿇은
불빛이 새는 쪽방 하나를 마주하며
풍경이 되어버린 경배

고립무원의 뉘 집

봄

계절 하나 어리석어 엎혀서 오는 것이
미처 불혹에 풍이 든 사람
앞마당 뒤뜰을 언제나 밟았을까
돌 꽃으로 무더기져 번져 오더니
가려워 가려워도 소리 못하고
그저 볕드는 쪽 망울이나 맡겨보자며

아가야,
이제는 네가 나오렴

새싹에게

햇살은 여리게 닿아 있으리
따라간 마음 가난히 곁에서 엎드리리
속눈썹도 힘겨워 실눈 뜰 때
자장자장
자장가 불러준 그곳

새해 아침

나중에 와서 먼저 나간 영감은
목욕탕 앞에 아직 입김이 남은
경운기의 시동을 걸고
황금비율의 저 아름다운 기마상 나폴레옹은
제 이름의 간판 아래로 빵집의 문을 여네.

어젯밤은 누군가가
벽두에 부린 법어를 내려놓고
세상에 와서 거짓말 한 판 잘하고 간다며
열반송을 남겼다나 뭐라나.

참말과 거짓말 사이의 골똘은
능선을 터져 나오는 해의 기운에 묻히고
올 한 해도 걸렀다며
휘파람 뱉으며 돌부리를 차는데

터미널 근처의 승강장은
밟힌 껌 같은 택시 몇 대 눌러 앉히고

검정 선글라스의 휘황한 마네킹으로
젊은 기사 서넛을 부려놓고 있었다.

복수초 혹은 노루귀

그것은 꾸밈이거나
드러냄이 아닌

함부로 보았다
이르지 말아야 할

그래서 더욱
찾아 나서서도 안 될
생명에의 존철

진달래

소녀야 부르면
부르는 소리에 분홍 꽃물이 들고
아가씨야 불러도
그 꽃물 똑같이 드는
네 이름에는 붉다가 그친
마음이 있다.

오래도록 너를 불러
할머니가 된 그 이름자에도
여전히 붉다가 지친 마음
진달래가 있다.

개나리

삼천리강산 온 담벼락 타고
천지에 환한 웃음 풀며 오는 네 이름에는
막 도착하는 기차의 숨소리가 들리지.
엄마 품에서 젖 물고 손가락 꼼작대며
옹알이 주고받던 그때가 돌아오지.
병아리도 아기도 네 옆에서 아장댈 때
세상 가장 예쁜 풍경이 되는 전설을 만들지.
햇살 포옹하는 노랑과 연두의 투명한 그림자 아래
네 이름을 잊은 채, 한나절
순한 강아지로 엎드리게도 하지.

붓꽃

네 이름을 불러
내게로 와서 꽃이 되었니

혼자 충분히 외로운 노랑 하양 보라
그 슬픔보다 더 큰 슬픔의 내가
아쉬움 애써 감출 때
등 뒤로 저어기 자리 잡아주던

너는 넓고 부드러운 혓바닥을 붓 삼아
슬픔 더한 수채화를 그렸지

누가 고흐를 태양의 화가라 했던가
론 강의 별빛이거나 밀밭을 나는 까마귀 앞에서
울어본 적이 있는, 나는
꽃 비린내 벙글어 오는 너의 꽃잎 앞에서
까닭 없이 눈물이 고여
물무늬 자욱이 번져나는 투명의 그늘
한 움큼을 이렇게 만들고 있으니

목련 1

그대로 하여
이 밤
누군가 돌아올
저 골목 끝자락쯤의
가로등 두엇은
꺼도 좋을

목련 2

누가
꽃이라 했나

허물어진 앙가슴
치마폭에 감출 때까지

삼백예순다섯 날 애써 기다린
순백의 보람

찰나의 계절을 잡고
젖을 물린 누님을

다시, 찔레

찔레야
찔레야
안 찌를게
안 찌를게
울지 마
울지 마
담에 너 보러 갈 땐
담에 너 보러 갈 땐
새 옷 입고 갈께
새 옷 입고 갈께
피멍이 들어
피멍이 들어

저리도 고운
뻐꾹새 울음

석류

꼭꼭 숨어 계시라고
그렇게 애가 타도록
말렸잖아요

청천에 이 무슨 벽력인지
당신은 기어이 사고를 치고야 말았네요

당신 때문에
나는 죽어요

안녕

우수 즈음

보름달 망설이던 골짝에
졸졸졸졸
개울물 소리

그니 긴 속눈썹
버들강아지 슬려
살풋 눈 깜빡이는 소리

종아리가 희던 첫사랑
개울 건너오는 소리

처서 이후

홀쩍 커버린 하늘
먼 잠자리 떼

할레를 깨고 나온
촉촉한 억새
구름 사이로 저녁별
강둑에 닿는

숫처녀 하얀 종아리
실눈 속으로 들어와 버린
고추에 버럭, 힘줄이 서버린.

부메랑
—그믐

삭아가는 한쪽을 잡고
동짓달 먼 끝 하늘로 보내니
돌아와 싸늘히
나를 베는
너여

멀고 추워서
더 반짝이는 선혈들
소스라치도록 그렇게
뿌려놓고 가다니

시월

지상을 투과하는 가을의 눈동자는 저리도 깊은데
몸 하나 냇가에 앉혀보는 일 참 어렵더라
개울은 전신을 돌아 저 아래 발바닥까지
기억의 파노라마 시리게 펼쳐놓고
살아온 날들과 살아야 할 날들을 불러서는
대칭저울의 중심이 되는지

빌어먹을, 맑음이란

조곤조곤 소란스러운 갈대
층층 다랭이를 따라 차르르 소리를 쏟아내는 벼이삭
간간이 울음을 섞는 새들
통째로 간당대는 쑥부쟁이
산허리 가리는 구름의 그림자

이 모든 풍경을 관장하는 침묵이
가만히 나를 솎아내 준다

파기환송

—12월

우성의 유전자인 양 낙관이 얹혀
누구를 기만하고 조롱했을까
내가 부린 말장난의 궤적
따라보니 가관이다
춥고 어두운 한 해의 긴 그림자
소각의 아가리 벌릴 때
부끄럼 한 장씩 불꽃이 되는구나
다시 외롭겠구나
다시 슬프겠구나
하나씩 살아나는 열성의 유전자들
어루어 가만히 이불 덮어주는
12월 법정

해설

생명을 부르는 애틋한 지극

고영 시인

1.

온전히 봄비를 맞고 있는 한 사내의 등짝이 보인다. 비안개 자욱한 늪, 둑방에 앉아 그는 지금 비와 늪의 '능청'에 기꺼이 동참하거나 덧대어 삶의 '처연'을 비안개 사이로, 늪의 수초 사이로 흩어놓고 있다. 먼발치에서 낯선 시선이 포착하는 풍경으로 본다면 어딘가 정겹고 서럽다. 그리고 이내 고개가 끄덕여진다. 가까이 다가가거나 풍경의 중심을 찾으려 하면 이내 비는 비로, 늪은 늪으로, 사내는 사내로 홀연히 종적을 감출 것 같다. 외려 읽는 사람만 안달이 난다.

밭고랑 청보리
기지개 켜든 말든

가지 끝 복사꽃 몽우리
맺히든 말든
첫돌 다가오는 아기
걸음마 떼든 말든
혼사 날 잡아놓은 숫처녀
밤잠 설치든 말든
종일을 사부작사부작
하염없이 내리는
능청

—「봄비」 전문

시인은 시집 초입에서부터 봄비의 '능청'을 말하고 있다. "밭고랑 청보리", "복사꽃 몽우리", "첫돌 다가오는 아기", "혼사 날 잡아놓은 숫처녀"는 크게는 '생명의 도약', 아무리 작게 보아도 '새 출발'을 상징하는 이미지들이다. 거기에 덧붙여지는 '봄비'의 이미지는 '환희'에 가까워야 하지만, 시인은 그저 "종일을 사부작사부작/하염없이 내"린다고만 한다. 까딱하면 '너는 너/나는 나'라는 대립까지는 아니더라도 무관심으로 읽힐 수도 있겠다. 하지만 '능청'이 겉으로 드러내는 태도와는 달리 내면에 그와는 상반되는 마음을 가졌을 때 사용하는 어휘라는 점을 생각하면, 제대로 봄비의 '능청'을 이해할 수 있다. '사부작사부작'은 요란하지는 않지만, 분명 어떤 일을 수행할 때 나는 소리임이 분명하다. 이렇게 보면, 봄비의 '능청'은 새 출발을 앞둔 뭇 생명에 대한 지극히 열렬한 응원이라는 것을 알 수 있다.

노창재 시인은 지극한 마음이 가닿는 뭇 생명의 경계와 내면에 아로새겨질 그 흔적에 예민한 시작 태도를 가졌다. 그는 세계라거나 현실 혹은 생활이라는 굳이 딱딱하고 복잡하게 이름붙은 차원들에서 한 걸음 물러서 그의 몸과 마음의 자리에서 수없이 서로 끌어당기고 맞닿고 멀어지고 아쉬워지는 생명의 양태들에 더 예민한 촉수를 들이민다. 이때 일어나는 공명(共鳴)을 시인은 '능청'과 '처연'이라는 시적 태도를 통해 다시 언어로 번역해낸다.

가을걷이를 끝낸 시월 어느 날,
그 노인
오랜만에 나오신 듯 읍내 변두리 목욕탕에서 조용히 몸을 푸는데
내 지천명의 턱걸이와 미수(迷壽)에 드는 소신공양 직전의 몸뚱어리
그 간격을 생각하며 골똘해지는 순간
드르륵 문을 밀며 들어오시는 또 한 노인
몸 푸는 노인네랑 얼굴이 마주친다
욕조의 노인에게 허리를 낮추며 인사를 하는데
어이구, 자네 설 잘 쇳는감

아니, 이 시월에 새해 인사라니

치매로 치부하며 욕탕을 나서는데
아뿔싸!
청천벽공이 날보고
자네 설 잘 쇳는감?

이번 설 잘 쇳으니
다음 설도 잘 쇠어보자고
그 인사 따라와서 뒤통수를 후려치다니.

—「지극」 전문

시골 읍내의 다소 계면쩍지만 정겨운 목욕탕 풍경을 "자네 설 잘 쇳는감?" 하는 미수(迷壽), 시인의 표현대로 "소신공양 직전의 몸뚱어리"에서 흘러나온 한마디가 어느 조사(祖師)의 화두(話頭)처럼 일거에 뒤집어엎는다. 시인은 이를 "치매로 치부하며 욕탕을 나서"지만 이내 '아뿔싸' 하고 제 뒤통수를 치게 된다. 표면적으로 시기를 놓친 그 인사의 본뜻은 "이번 설 잘 쇳으니/다음 설도 잘 쇠어보자고" 다짐 아닌 다짐인 것이다.

현대인들의 삶은 바쁘다. 해야 할 일이 많아서도 아니고, 남달리 욕망이 커서도 아니다. 근본적인 원인은 도시에서의 삶이란 그 단위가 짧게, 짧게 토막 나 있기 때문이다. 이 일이 끝나면 저 일을 해야 하고, 한 주 혹은 한 달 치 급여를 받으면 다시 처음부터 똑같은 상황이 반복된다. 더욱이 그 일들 사이의 연속

성을 찾기가 매우 힘들다. 반면 농촌에서의 삶은 아직도 원형의 일부분이 남아 있다. 시에서는 "가을걷이를 끝낸 시월 어느 날"이라고 명시되어 있다. 가을걷이가 끝났다는 것은 한 해 농사가 마무리되었음을 의미하고 당연히 그 다음해 농사를 준비하기 위해서는 '추석'이 아니라 '설'이 중요한 기준이 된다. '미수(迷壽)'의 '그 노인'은 자연의 순환이지만, 동시에 그것이 인생의 각 단계라는 것을 오랜 몸의 단련을 통해 이미 알고 있었던 것이다. 이 시에서 보이는 '지천명'과 '미수'의 격차는 시인에게 섬세한 '관찰'이라는 시적 자세를 선사한다. 사태의 표면이 아니라 이면을 궁금해하기 시작한 것이다.

마흔 중반쯤 되어 보이는 저 사내는
대저 낫을 갈면서
아래로 위로 엉덩이를 흔들지 않고
당겼다 놓았다의 움직임 말고는
일말의 미동도 없는가.

움찔,
알 수 없는 사연에
앞서간 불혹의
때늦은 버림이라니.

—「낫 가는 사내」 전문

소위 말하는 라이선스가 없는,

후진 골목의 담벼락이거나 무명한 골짝의 산비탈을 오르내리며 증상에 따라 잡초도 좀 익혔지.

가끔은 리어카에 부려놓은 무조건 천 원짜리 동의보감이며, 명리학에 주역에

철 지난 명랑이나 선데이서울도 몇 권 앉은뱅이책상 책꽂이에 꽂았다는 거 아니겠어.

근동 노인네 손목을 짚으면서 구라도 좀 쳐본 터라 이제는 제법 호가 났겠지.

오늘은 샛별다방 왕언니가 전파사로 부동산으로 비닐하우스까지 얼마나 커피를 날랐던지

팔꿈치 인대가 늘어나 영업을 못한다는 절호의 소문에

번개반점 스쿠터보다 잽싸게 다방 안으로 들어선 것 아니겠어.

—「봉달이 형님」 부분

노창재 시인이 언어로 번역해내고자 했던, 아니 그가 방법적으로 선택한 '처연과 능청'의 모습이 앞의 두 작품에 여실히 드러나 있다. '마흔 중반쯤 되어 보이는 저 사내'의 사연은 오직 '낫'을 가는 그의 자세, "아래로 위로 엉덩이를 흔들지 않고/당겼다 놓았다"만을 반복하는 일종의 강박은 자기 체벌에서 유추할 수밖에 없다. 복수심인지 회한인지 알 길이 없지만, 흐트러짐 없는 자세로 낫을 가는 그 모습은, 아니 그 인생은 일종의

'처연함'을 불러일으킨다. 그것이 유독 시인의 눈에 들어오는 이유는 "안전장치로 무장된 겹겹의 면도기도 있지만/순간의 틈입도 허락지 않는/다중의 잔인성"(「외날의 면도」)이 싫어 가끔 '허방'을 짚는 '외날의 면도'를 고집하는 시인과 닮아 있기 때문이다. 어쩌면 '낫 가는 사내'에게서 옮겨온 것일지도 모르지만.

반면 '봉달이 형님'은 '라이선스'도 없이 이른바 무면허 의료행위를 자행하는데, 가만히 되짚어보면, "증상에 따라 잡초도 좀 익혔"고, "천 원짜리 동의보감이며, 명리학에 주역"도 좀 보았고, "노인네 손목 짚으면서 구라도 좀 쳐본 터라" 아주 돌팔이라고는 할 수 없다. 그렇지 않은가, 면허만 없다 뿐 '봉달이 형님'은 나름 인술을 펼친 셈이다. 시인은 이를 다시 "고프고 주린 날이 오래오래 머물더라도/맑고 형형한 눈빛으로 견뎌낼 줄 알아야 한다./눈발 휘몰아치는 매서운 들판에서도/옷을 걸치지 않아야 한다."(「백수論」)고 자기 자신에게 돌려 세운다. 일종의 '능청'인 셈이다. '옷', 즉 위선과 위계의 옷을 걸치지 않는다면, 나아가 생명의 층위에서 '옷'이란 걸치레는 진정으로 무의미하다. 제 색을 거부하는 '동백'을 보았는가, 혹은 '개망초'를.

2.

노창재 시인이 보여주는 '능청'과 '처연'은 이 시집에서 그가 취한 표현의 전략일 뿐, 시인이 담아내고자 한 의미와 독자에게 내미는 공감의 손바닥 전부일 수는 없다. 시인은 뭇 생명과 교

감할 수 있는 촉수, 또는 소통의 회로를 갖고 있다. 그가 보여주는 촉수의 끝엔 언제나 사람이 있다. 이것은 그동안 우리가 익히 보아 온 우포늪을 다룬 생태시의 전형과 사뭇 다르다. 사람과 자연이 함께 어우러지는 본연의 우포늪을 그는 체험에서 얻은 바 그대로 우리에게 보여주고 있는 것이다. 하여 노창재의 시는 강한 여운, 혹은 무덤덤한 듯하지만 날카롭게 혈을 찌르는 지경, 경지에 이르러 있다고 할 수 있다. 그 대표적인 시 한 편을 보자.

개울에 비친 모래알이 너무 고와서
한 아이가 저도 모르게 손을 담갔습니다.
누가 볼록렌즈를 얹었을까요.
아이의 손등으로 수천의 물길이 생겼습니다.
물길 따라 햇살이 버들치 떼처럼 지나갔습니다.

아이의 손등에는
평생,
햇살무늬 아롱진 버들치가 살았습니다.

—「버들치」 전문

실재로서의 '버들치'가 아니라 "아이의 손등"에 "햇살무늬 아롱진 버들치"를, 그러니까 『한국의 민물고기』와 같은 도감이나 '매운탕'감으로 이미 생명을 잃어버린 진부한 대상이 아니라,

'손등'을 바라볼 때마다 언제, 어디서고 살아 있을 특별한 체험으로서의 '버들치'를 시인은 노래하고 있다. 이처럼 기억에 아로새겨진 사물은 불현듯 살아나 생기와 활력을 잃어가는 우리 삶을 찢어 다시 한 번 원초적 생의(生意)를 솟구치게 한다. 시인은 누구보다 이를 잘 알고, 간절히 염원하며, 또 자기 몸 가까이에서 되살리려 하는 극적 의지를 드러내고 있는 것이다.

늪이 들어서
드디어는
칠월의 태양이 혀를 늘어뜨린다.
콩밭을 맴돌던 산비둘기도 어디론가 사라지고
한 점 바람 없는 사방천지는 녹음만 울려
마을은 마을대로 한없이 늘어지고
인기척도 집짐승의 미동도
영영 두절이다.

먼발치 깨밭은 염천에 절어
녹음보다 무성한데
깨밭머리에 폭 잠겼다가 힐끗 얼비치며
다시 한참을 폭 잠겨버리는
저 노인네

하늘에서 내려온 구름도 놀다 갔지만

무엇이 그리웠던지
늪은 천연스레 마을에 안겨 있고.

—「우포늪 사지마을」 전문

'염천'의 계절에 '노인네'는 "깨밭머리에 푹 잠겼다가 힐끗 얼비치며/다시 한참을 푹 잠겨버리는" 극한의 노동을 반복한다. 반면에 '늪'은 '무엇이 그리웠던지' 구름도 놀다 갔지만 결국 '천연스레 마을에 안겨'든다. 사람과 자연이라는 단순 이분법으로는 좀체 이해할 수 없는 상황이지만 여러 가지를 유추해볼 수 있다. 다만 덧붙여 생각해보자면, '노인네'보다 '우포늪'이 훨씬 오래, 지속적으로 그 마을과 사람을 지켜봤을지도 모른다는 것이다.

이번 시집에 노창재 시인은 '우포늪'에 관한 많은 시를 수록했다. 그것은 역사적인 사실에서 비롯한 것으로부터 현재 상황까지 다양한 형태로 나타나는데, 시를 진정한 의미에서 환경의 영향 아래 생산되는 이차적 산물이라고 볼 수 있다면, 시인은 몇 가지 의미 있는 작업을 수행했다고 해야 할 것이다.

관동에서 소야 지나
한터 끝으로 이어지는
사지포에서 쪽지벌 먼 쪽까지 창창하였네
무장의 만리장성

십리

구름 흐르면 지평선 되고
노을 걸리면 만종 소리 들리는
할배, 순하디순한 일소〔牛〕 우리 할배는

일장기 품에 석삼년
부역의 어깨 팔았다고
저 빛나는 둑방길 쌓았다고
달빛 비추면 소리하고
뻐꾸기 울면 소리하고
밀주 익으면 소리하고
기러기 가면 소리한다

—「우포」 부분

직접적으로 '우포'가 표제가 된 이 작품은 '우포늪'의 내력을 말하면서 "일장기 품에 석삼년/부역의 어깨 팔았다고"라는 부분에서 드러나듯 그것을 사람의 시대와 삶 속으로 끌어오고 있다. 인공적 조성물이라는 말 속의 비인간성, 무책임성을 에둘러 비판하고 있는 것이다. 우포 인근의 사람들의 삶, 그들의 애환을 문서에 기록되는 딱딱한 언어가 아니라 살아 숨 쉬는 언어로 형상화해야 하는 것, 그래서 오래도록 들려주어야 하는 것이 어쩌면 시인에게 주어진 자연스런 책무일지도 모른다.

가령 “건넛담 운봉아지매댁은 이른 아침을 차리나 봅니다./낮은 담장을 타고 모락연기가 깔리고 있네요./북녘의 바람도 마을에 갇혀서는 저렇게 유순해 보이는지요./눈을 밟으며 돌아오는 길/대처로 나아간 이웃 누님의 고된 시집살이며/돈 잘 버는 사장이 되었다는 머슴아재의 이야기들이/오늘따라 이토록 서러운지요.”(「우포 산책」)처럼, 오늘날 우포늪과 더불어 살아가고 있고, 끝없이 이야기를 만들어내는 이들에 대한 끊임없는 관심과 관찰이 필요하다고 시인은 역설적으로 보여주고 있다. 그것은 사람도 자연으로서 당연히 사람살이도 ‘발생—생장—소멸’하는 자연의 이법에 따라 환경을 주무하는 존재가 아니라, 그 요소로 존재한다는 것을 확실하게 각인하기 위해서일 것이다. 더불어 시인은 ‘우포’의 존재들을 기억하는 기억의 담지자로서의 역할도 수행하고 한다.

수억 년을 그렇게 살아왔을까

마리 부들 물옥잠 물달개비 개구리밥 생이가래
메자기 골풀 가시연 창포 자운영
실잠자리 물잠자리 물장군 소금쟁이 참방개
손금으로 흐르던 버들붕어 참붕어 준치 납자루
벼락 치던 여름밤 가물치 메기 장어 자라
갈잎 사이로 쏟아지던 아 아 새끼들

메추리 떼 꿩
새벽안개를 뛰쳐나오던 노루 멧돼지
이슥한 밤 워-우 늑대 울음

호롱불 그을음에 묻어나던 건너 마을
순아 누나야 목소리야 흙담장아

—「우포」 부분

수억 년을 살아온, 어쩌면 생명의 나무에서 우리의 선조일지도 모르는 존재들이 오늘 눈먼 인간의 탐욕으로 서식처를 잃고, 궁극적으로 멸종의 길로 내몰린다면 '우포'를 향한 시가 사라지는 것 이상으로 우리는 생명의 심지 하나를 또 꺼버리는 것이 될 것이다. 이 무거운 사실들이 노창재 시인에게 부담으로 작용할지 사명감으로 작용하게 될지는 알 수 없다. 그러나 시인은 최소한 저 이름들, "마리 부들, 물옥잠, 참방개, 납자루, 가물치" 이슥한 밤의 '늑대 울음'까지 기억하고 되살려내고 있지 않는가. 그 소리 사이에서 "순이 누나야 목소리야" 가슴을 치고 있지 않은가. 애절하고, 애통한 이가 하늘에 닿는다 했으니, '능청'과 '처연'으로 꿰맨 '지극'에 의지해 볼밖에 도리가 없겠다.

어쩌면 시인은 지금도 "머릿속에 하나 둘 줄을 쳐보지만/어느 멍청한 생각 하나가 와서 운명을 맡겨줄지"(「거미」) 걱정 아닌 걱정에 또 한밤을 보내고 있을지 모른다. 뭇 생명에게 다가

서고자 하는 애틋한 부름을 이처럼 시로 형상화시켰으니 그는 앞으로도 우포늪을 걷고 또 뛰게 될 것이다. 아니라면 "담벼락에서 동구로 골짝에서 산마루로/밤새워 나를 끌고"(「겨울밤」) 다니도록 시에 맡길 수밖에…….

지천명의 등짝을 기꺼이 우포늪 비안개에 섞는 사내 하나를 만났다.

이 도서의 국립중앙도서관 출판시도서목록(CIP)은 서지정보유통지원시스템 홈페이지(http://seoji.nl.go.kr)와 국가자료공동목록시스템(http://www.nl.go.kr/kolisnet)에서 이용하실 수 있습니다.(CIP제어번호: CIP2015029154)

문학의전당 시인선 217
지극
© 노창재

초판 1쇄 인쇄 2015년 10월 28일
초판 1쇄 발행 2015년 11월 4일
지은이 노창재
펴낸이 고영
책임편집 이현호
디자인 헤이존
펴낸곳 문학의전당
출판등록 제311-2012-000043호
주소 서울시 은평구 연서로11길 7-5 401호
편집실 서울시 마포구 마포대로 127, 413호(공덕동, 풍림VIP빌딩)
전화 02-852-1977
팩스 02-852-1978
블로그 http://blog.naver.com/mhjd2003
전자우편 sbpoem@naver.com

ISBN 979-11-5896-008-7 03810